distraídos venceremos

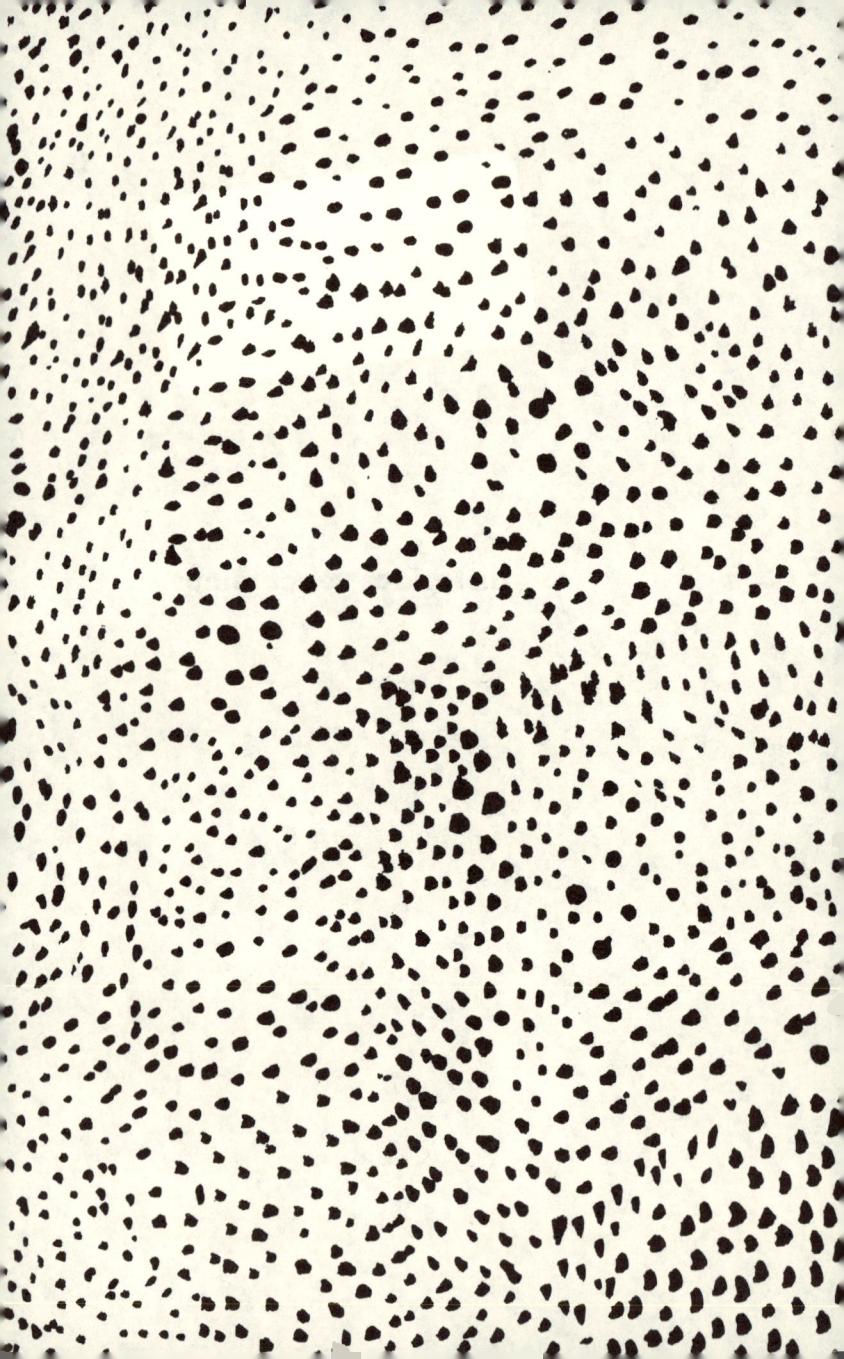

poesia de bolso

paulo leminski

distraídos venceremos

4ª reimpressão

COMPANHIA DAS LETRAS

Copyright © 2017 by herdeiros de Paulo Leminski

Grafia atualizada segundo o Acordo Ortográfico da Língua Portuguesa de 1990, que entrou em vigor no Brasil em 2009.

Capa e projeto gráfico
Elisa von Randow

Cronologia
Mariano Marovatto

Revisão
Jane Pessoa
Clara Diament

Dados Internacionais de Catalogação na Publicação (CIP)
(Câmara Brasileira do Livro, SP, Brasil)

Leminski, Paulo, 1944-1989.
    Distraídos venceremos / Paulo Leminski. — 1ª ed. —
São Paulo : Companhia das Letras, 2017.

ISBN 978-85-359-2888-4

    1. Poemas 2. Poesia brasileira I. Título.

17-01837   CDD-869.1

Índice para catálogo sistemático:
1. Poesia : Literatura brasileira 869.1

Todos os direitos desta edição reservados à
EDITORA SCHWARCZ S.A.
Rua Bandeira Paulista, 702, cj. 32
04532-002 — São Paulo — SP
Telefone: (11) 3707 3500
www.companhiadasletras.com.br
www.blogdacompanhia.com.br
facebook.com/companhiadasletras
instagram.com/companhiadasletras
twitter.com/cialetras

sumário

distraídos venceremos..........................7
distraídos venceremos............................13
ais ou menos.....................................49
kawa cauim — desarranjos florais................71

Cronologia.......................................82
Lista de obras publicadas 88
Índice de poemas 90

**distraídos
venceremos**

[1987]

nota do editor

Distraídos venceremos é a última obra poética de Leminski publicada em vida, em 1987, pela editora Brasiliense. Na abertura do livro havia um índice autoral, intitulado "Índice, ícone e símbolo". Optamos por não reproduzi-lo, já que há um sumário no começo deste volume e um índice de primeiros versos ao final. A primeira edição conta também com uma apresentação do autor, "Transmatéria contrassenso", que foi incluída aqui.

*Em direção a Alice,
cúmplice nesse crime de lesa-vida
chamado poesia.
Para Antonio Cicero, Arnaldo "Titã" Antunes
e — sobretudo — para Itamar Assumpção.*

Que flecha é aquela no calcanhar daquilo? Pela pena, é persa, pela precisão do tiro, um mestre. Ora, os mestres persas são sempre velhos. E mestre, persa e velho só pode ser Artaxerxes ou um irmão, ou um amigo, ou discípulo, ou então simplesmente alguém que passava e atirou por despautério num momento gaudério de distração.

Catatau, p. 33.

distraídos venceremos

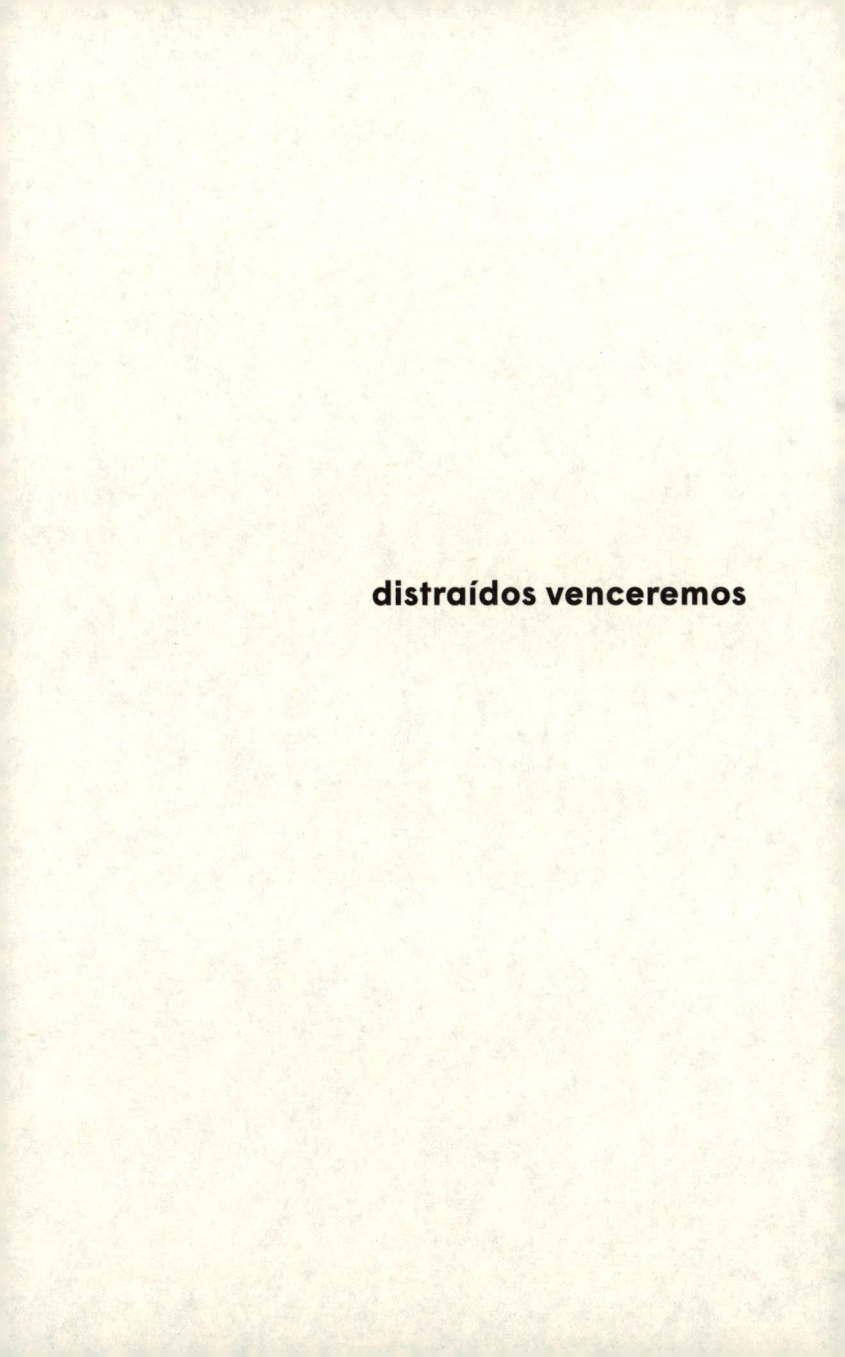

aviso aos náufragos

Esta página, por exemplo,
não nasceu para ser lida.
Nasceu para ser pálida,
um mero plágio da Ilíada,
alguma coisa que cala,
folha que volta pro galho,
muito depois de caída.

Nasceu para ser praia,
quem sabe Andrômeda, Antártida,
Himalaia, sílaba sentida,
nasceu para ser última
a que não nasceu ainda.

Palavras trazidas de longe
pelas águas do Nilo,
um dia, esta página, papiro,
vai ter que ser traduzida,
para o símbolo, para o sânscrito,
para todos os dialetos da Índia,
vai ter que dizer bom-dia
ao que só se diz ao pé do ouvido,
vai ter que ser a brusca pedra
onde alguém deixou cair o vidro.
Não é assim que é a vida?

*

a lei do quão

    Deve ocorrer em breve
uma brisa que leve
    um jeito de chuva
à última branca de neve.

    Até lá, observe-se
a mais estrita disciplina.
    A sombra máxima
pode vir da luz mínima.

*

minifesto

    ave a raiva desta noite
a baita lasca fúria abrupta
    louca besta vaca solta
ruiva luz que contra o dia
    tanto e tarde madrugastes

    morra a calma desta tarde
morra em ouro
    enfim, mais seda
a morte, essa fraude,
    quando próspera

    viva e morra sobretudo
este dia, metal vil,
    surdo, cego e mudo,
nele tudo foi e, se ser foi tudo,
    já nem tudo nem sei
se vai saber a primavera
    ou se um dia saberei
que nem eu saber nem ser nem era

*

Vim pelo caminho difícil,
a linha que nunca termina,
    a linha bate na pedra,
a palavra quebra uma esquina,
    mínima linha vazia,
a linha, uma vida inteira,
    palavra, palavra minha.

*

adminimistério

Quando o mistério chegar,
já vai me encontrar dormindo,
    metade dando pro sábado,
outra metade, domingo.
    Não haja som nem silêncio,
quando o mistério aumentar.
    Silêncio é coisa sem senso,
não cesso de observar.
    Mistério, algo que, penso,
mais tempo, menos lugar.
    Quando o mistério voltar,
meu sono esteja tão solto,
    nem haja susto no mundo
que possa me sustentar.

    Meia-noite, livro aberto.
Mariposas e mosquitos
    pousam no texto incerto.
Seria o branco da folha,
    luz que parece objeto?
Quem sabe o cheiro do preto,
    que cai ali como um resto?
Ou seria que os insetos
    descobriram parentesco
com as letras do alfabeto?

*

distâncias mínimas

    um texto morcego
se guia por ecos
    um texto texto cego
um eco anti anti anti antigo
    um grito na parede rede rede
volta verde verde verde
    com mim com com consigo
ouvir é ver se se se se se
    ou se se me lhe te sigo?

*

saudosa amnésia

a um amigo que perdeu a memória

    Memória é coisa recente.
Até ontem, quem lembrava?
    A coisa veio antes,
ou, antes, foi a palavra?
    Ao perder a lembrança,
grande coisa não se perde.
    Nuvens, são sempre brancas.
O mar? Continua verde.

*

iceberg

Uma poesia ártica,
claro, é isso que desejo.
Uma prática pálida,
três versos de gelo.
Uma frase-superfície
onde vida-frase alguma
não seja mais possível.
Frase, não. Nenhuma.
Uma lira nula,
reduzida ao puro mínimo,
um piscar do espírito,
a única coisa única.
Mas falo. E, ao falar, provoco
nuvens de equívocos
(ou enxame de monólogos?).
Sim, inverno, estamos vivos.

*

por um lindésimo de segundo

    tudo em mim
anda a mil
    tudo assim
tudo por um fio
    tudo feito
tudo estivesse no cio
    tudo pisando macio
tudo psiu

    tudo em minha volta
anda às tontas
    como se as coisas
fossem todas
    afinal de contas

*

    Transar bem todas as ondas
a Papai do Céu pertence,
    fazer as luas redondas
ou me nascer paranaense
    A nós, gente, só foi dada
essa maldita capacidade,
    transformar amor em nada.

*

passe a expressão

  Esses tais artefatos
que diriam minha angústia,
  tem umas que vêm fácil,
tem muitas que me custa.
  Tem horas que é caco de vidro,
meses que é feito um grito,
  tem horas que eu nem duvido,
tem dias que eu acredito.
  Então seremos todos gênios
quando as privadas do mundo
  vomitarem de volta
todos os papéis higiênicos.

*

o mínimo do máximo

  Tempo lento,
espaço rápido,
  quanto mais penso,
menos capto.
  Se não pego isso
que me passa no íntimo,
  importa muito?
Rapto o ritmo.
  Espaçotempo ávido,
lento espaçodentro,
  quando me aproximo,
simplesmente me desfaço,
  apenas o mínimo
em matéria de máximo.

*

signo ascendente

Nem todo espelho
reflita este hieroglifo.
Nem todo olho
decifre esse ideograma.
Se tudo existe
para acabar num livro,
se tudo enigma
a alma de quem ama!

*

além alma
(uma grama depois)

Meu coração lá de longe
faz sinal que quer voltar
Já no peito trago em bronze:
NÃO TEM VAGA NEM LUGAR
Pra que me serve um negócio
que não cessa de bater?
Mais me parece um relógio
que acaba de enlouquecer.
Pra que é que eu quero quem chora,
se estou tão bem assim,
e o vazio que vai lá fora
cai macio dentro de mim?

*

plena pausa

    Lugar onde se faz
o que já foi feito,
    branco da página,
soma de todos os textos,
    foi-se o tempo
quando, escrevendo,
    era preciso
uma folha isenta.

    Nenhuma página
jamais foi limpa.
    Mesmo a mais Saara,
ártica, significa.
    Nunca houve isso,
uma página em branco.
    No fundo, todas gritam,
pálidas de tanto.

*

merda e ouro

Merda é veneno.
No entanto, não há nada
que seja mais bonito
que uma bela cagada.
Cagam ricos, cagam padres,
cagam reis e cagam fadas.
Não há merda que se compare
à bosta da pessoa amada.

*

o par que me parece

     Pesa dentro de mim
o idioma que não fiz,
     aquela língua sem fim
feita de ais e de aquis.
     Era uma língua bonita,
música, mais que palavra,
     alguma coisa de hitita,
praia do mar de Java.
     Um idioma perfeito,
quase não tinha objeto.
     Pronomes do caso reto
nunca acabavam sujeitos.
     Tudo era seu múltiplo,
verbo, triplo, prolixo.
     Gritos eram os únicos.
O resto ia pro lixo.
     Dois leos em cada pardo,
dois saltos em cada pulo,
     eu que só via a metade,
silêncio, está tudo duplo.

*

arte do chá

    ainda ontem
convidei um amigo
    para ficar em silêncio
comigo

    ele veio
meio a esmo
    praticamente não disse nada
e ficou por isso mesmo

*

proema

    Não há verso,
tudo é prosa,
    passos de luz
num espelho,
    verso, ilusão
de ótica,
    verde,
o sinal vermelho.

    Coisa
feita de brisa,
    de mágoa
e de calmaria,
    dentro
de um tal poema,
    qual poesia
pousaria?

*

    Eu, hoje, acordei mais cedo
e, azul, tive uma ideia clara.
    Só existe um segredo.
Tudo está na cara.

*

desencontrários

  Mandei a palavra rimar,
ela não me obedeceu.
  Falou em mar, em céu, em rosa,
em grego, em silêncio, em prosa.
  Parecia fora de si,
a sílaba silenciosa.

  Mandei a frase sonhar,
e ela se foi num labirinto.
  Fazer poesia, eu sinto, apenas isso.
Dar ordens a um exército,
  para conquistar um império extinto.

*

o que quer dizer

para Haroldo de Campos,
translator maximus

  O que quer dizer, diz.
Não fica fazendo
  o que, um dia, eu sempre fiz.
Não fica só querendo, querendo,
  coisa que eu nunca quis.
O que quer dizer, diz.
  Só se dizendo num outro
  o que, um dia, se disse,
um dia, vai ser feliz.

*

um metro de grito
(máquinas líquidas)

  Leiam-se índices,
mil olhos de lince,
  entre meus filmes,
leonardos da vinci.
  Abri-vos, arcas, arquivos,
súmulas de equívocos,
  fechados,
para que servem os livros?

  Livros de vidro,
discos, issos, aquilos,
  coisas que eu vendo a metro,
eles me compram aos quilos.
  Líquidas lâminas,
linhas paralelas,
  quanto me dão
por minhas ideias?

*

  sorte no jogo
azar no amor
  de que me serve
sorte no amor
  se o amor é um jogo
e o jogo não é meu forte,
  meu amor?

*

**claro calar sobre uma cidade sem ruínas
(ruinogramas)**

    Em Brasília, admirei.
Não a niemeyer lei,
    a vida das pessoas
penetrando nos esquemas
    como a tinta sangue
no mata-borrão,
    crescendo o vermelho gente,
entre pedra e pedra,
    pela terra adentro.

    Em Brasília, admirei.
O pequeno restaurante clandestino,
    criminoso por estar
fora da quadra permitida.
    Sim, Brasília.
Admirei o tempo
    que já cobre de anos
tuas impecáveis matemáticas.

    Adeus, Cidade.
O erro, claro, não a lei.
    Muito me admiraste,
muito te admirei.

*

Carrego o peso da lua,
Três paixões malcuradas,
Um saara de páginas,
Essa infinita madrugada.

Viver de noite
Me fez senhor do fogo.
A vocês, eu deixo o sono.
O sonho, não.
Esse, eu mesmo carrego.

*

nomes a menos

Nome mais nome igual a nome,
uns nomes menos, uns nomes mais.
Menos é mais ou menos,
nem todos os nomes são iguais.

Uma coisa é a coisa, par ou ímpar,
outra coisa é o nome, par e par,
retrato da coisa quando límpida,
coisa que as coisas deixam ao passar.

Nome de bicho, nome de mês, nome de estrela,
nome dos meus amores, nomes animais,
a soma de todos os nomes
nunca vai dar uma coisa, nunca mais.

Cidades passam. Só os nomes vão ficar.
Que coisa dói dentro do nome
que não tem nome que conte
nem coisa pra se contar?

*

volta em aberto

Ambígua volta
em torno da ambígua ida,
  quantas ambiguidades
se pode cometer na vida?
  Quem parte leva um jeito
de quem traz a alma torta.
  Quem bate mais na porta?
Quem parte ou quem torna?

*

o náufrago náugrafo

  a letra A a
funda no A
  tlântico
e pacífico com
  templo a luta
entre a rápida letra
  e o oceano
lento

  assim
fundo e me afundo
  de todos os náufragos
náugrafo
  o náufrago
mais
  profundo

*

bem no fundo

    no fundo, no fundo,
bem lá no fundo,
    a gente gostaria
de ver nossos problemas
      resolvidos por decreto

    a partir desta data,
aquela mágoa sem remédio
    é considerada nula
e sobre ela — silêncio perpétuo

    extinto por lei todo o remorso,
maldito seja quem olhar pra trás,
    lá pra trás não há nada,
e nada mais

    mas problemas não se resolvem,
problemas têm família grande,
    e aos domingos saem todos passear
o problema, sua senhora
      e outros pequenos probleminhas

*

sem budismo

    Poema que é bom
acaba zero a zero.
    Acaba com.
Não como eu quero.
    Começa sem.
Com, digamos, certo verso,
    veneno de letra,
bolero. Ou menos.
    Tira daqui, bota dali,
um lugar, não caminho.
    Prossegue de si.
Seguro morreu de velho,
    e sozinho.

*

    o amor, esse sufoco,
agora há pouco era muito,
    agora, apenas um sopro

    ah, troço de louco,
corações trocando rosas,
    e socos

*

o hóspede despercebido

    Deixei alguém nesta sala
que muito se distinguia
    de alguém que ninguém se chamava,
quando eu desaparecia.
    Comigo se assemelhava,
mas só na superfície.
    Bem lá no fundo, eu, palavra,
não passava de um pastiche.
    Uns restos, uns traços, um dia,
meus tios, minhas mães e meus pais
    me chamarem de volta pra dentro,
eu ainda não volte jamais.
    Mas ali, logo ali, nesse espaço,
lá se vai, exemplo de mim,
    algo, alguém, mil pedaços,
meio início, meio a meio, sem fim.

*

aço em flor

para Koji Sakaguchi,
portal amigo entre o
Japão e o Brasil

Quem nunca viu
que a flor, a faca e a fera
   tanto fez como tanto faz,
e a forte flor que a faca faz
   na fraca carne,
um pouco menos, um pouco mais,
   quem nunca viu
a ternura que vai
   no fio da lâmina samurai,
esse, nunca vai ser capaz.

*

a lua no cinema

A lua foi ao cinema,
passava um filme engraçado,
   a história de uma estrela
que não tinha namorado.

   Não tinha porque era apenas
uma estrela bem pequena,
   dessas que, quando apagam,
ninguém vai dizer, que pena!

   Era uma estrela sozinha,
ninguém olhava pra ela,
   e toda a luz que ela tinha
cabia numa janela.

   A lua ficou tão triste
com aquela história de amor,
   que até hoje a lua insiste:
— Amanheça, por favor!

*

anch'io son pittore

    fra angélico
quando pintava
    uma madona col bambino
se ajoelhava e rezava
    como se fosse um menino

    orava diante da obra
como se fosse pecado
    pintar aquela senhora
sem estar ajoelhado

    orava como se a obra
fosse de deus não do homem

*

    podem ficar com a realidade
esse baixo-astral
    em que tudo entra pelo cano

    eu quero viver de verdade
eu fico com o cinema americano

*

litogravura

    Mão de estátua.
Templo. Coluna. Arco de triunfo.
    Mil duzentos e cinquenta.
Qualquer pedra na Europa
    é suspeita de ser
mais do que aparenta.

    Felizes as pedras da minha terra
que nunca foram senão pedras.
    Pedras, a lua esfria
e o sol esquenta.

*

rimas da moda

1930	1960	1980
amor	homem	ama
dor	come	cama
	fome	

*

eu ontem tive a impressão
que deus quis falar comigo
　　　não lhe dei ouvidos

　　　quem sou eu para falar com deus?
ele que cuide dos seus assuntos
　　　eu cuido dos meus

*

300 000 km por segundo

　　　De que música gostam
os pernilongos?
　　　De Schubert, de Wagner,
de Debussy?
　　　Não gostam de nada,
a julgar por este aqui.
　　　Apenas um solo de silêncio,
isso sim,
　　　eu ouvi.

*

parada cardíaca

    Essa minha secura
essa falta de sentimento
    não tem ninguém que segure
vem de dentro

    Vem da zona escura
donde vem o que sinto
    sinto muito
sentir é muito lento

*

                              como se eu fosse júlio plaza

    prazer
da pura percepção
    os sentidos
sejam a crítica
    da razão

*

sortes e cortes

a linha clara   a tesoura traça   na folha branca

separa a folha   a folha   da forma   a forma

um diabo   habita   o branco   do olho   da página

claro   oculto   entre   as claridades

o vazio passa   e deixa   uma saudade

*

imprecisa premissa

(quantas curitibas cabem numa só Curitiba?)

Cidades pequenas,
como dói esse silêncio,
cantilenas, ladainhas,
tudo aquilo que nem penso,
esse excesso
que me faz ver todo o senso,
imprecisa premissa,
definitiva preguiça
com que sobe, indeciso,
o mais ou menos do incenso.
Vila de Nossa Senhora
da Luz dos Pinhais,
tende piedade de nós.

*

hard feelings

(a riddle for Martha)

Oceans,
emotions,
    ships, ships,
and other relationships,
    keep us going
through the fog
    and wandering mist.

    What is it
that I missed?

*

sujeito indireto

Quem dera eu achasse um jeito
de fazer tudo perfeito,
    feito a coisa fosse o projeto
e tudo já nascesse satisfeito.
    Quem dera eu visse o outro lado,
o lado de lá, lado meio,
    onde o triângulo é quadrado
e o torto parece direito.
    Quem dera um ângulo reto.
Já começo a ficar cheio
    de não saber quando eu falto,
de ser, mim, indireto sujeito.

*

    para que leda me leia
precisa papel de seda
    precisa pedra e areia
para que leia me leda

    precisa lenda e certeza
precisa ser e sereia
    para que apenas me veja

    pena que seja leda
quem quer você que me leia

*

Este poema já foi musicado duas vezes. Uma por Moraes Moreira, outra por Itamar Assumpção. Que tal você?

pareça e desapareça

Parece que foi ontem.
Tudo parecia alguma coisa.
O dia parecia noite.
E o vinho parecia rosas.
Até parece mentira,
tudo parecia alguma coisa.
O tempo parecia pouco,
e a gente se parecia muito.
A dor, sobretudo,
parecia prazer.
Parecer era tudo
que as coisas sabiam fazer.
O próximo, eu mesmo.
Tão fácil ser semelhante,
quando eu tinha um espelho
pra me servir de exemplo.
Mas vice-versa e vide a vida.
Nada se parece com nada.
A fita não coincide
Com a tragédia encenada.
Parece que foi ontem.
O resto, as próprias coisas contem.

*

ais ou menos

ais ou menos

(oração pela descrença)

Senhor,
peço poderes sobre o sono,
    esse sol em que me ponho
a sofrer meus ais ou menos,
    sombra, quem sabe, dentro de um sonho.
    Quero forças para o salto
do abismo onde me encontro
    ao hiato onde me falto.
    Por dentro de mim, a pedra,
e, aos pés da pedra,
    essa sombra, pedra que se esfalfa.
    Pedra, letra, estrela à solta,
sim, quero viver sem fé,
    levar a vida que falta
sem nunca saber quem é.

*

voláteis

    Anos andando no mato,
nunca vi um passarinho morto,
    como vi um passarinho nato.

    Onde acabam esses voos?
Dissolvem-se no ar, na brisa, no ato?
    São solúveis em água ou em vinho?

    Quem sabe, uma doença dos olhos.
Ou serão eternos os passarinhos?

*

como pode?

    Soa estranho, esta manhã,
tudo o que sempre foi meu, como pode?
    Como pode que esse som lá fora,
os sons da vida, a voz de todo dia,
        pareça ficção científica?

    Como pode que esta palavra,
que já vi mil vezes e mil vezes disse,
        não signifique mais nada,
a não ser que o dia, a noite, a madrugada,
        a não ser que tudo não é nada disso?

    Pode que eu já não seja mais o mesmo.
Pode a luz, pode ser, pode céu e pode quanto.
    Pode tudo o que puder poder.
Só não pode ser tanto.

*

Marginal é quem escreve à margem,
deixando branca a página
    para que a paisagem passe
e deixe tudo claro à sua passagem.

Marginal, escrever na entrelinha,
sem nunca saber direito
    quem veio primeiro,
o ovo ou a galinha.

*

rosa rilke raimundo correia

Uma pálpebra,
mais uma, mais outras,
    enfim, dezenas
de pálpebras sobre pálpebras
    tentando fazer
das minhas trevas
    alguma coisa a mais
que lágrimas

*

três metades

Meio dia,
um dia e meio,
meio dia, meio noite,
metade deste poema
não sai na fotografia,
metade, metade foi-se.

Mas eis que a terça metade,
aquela que é menos dose
de matemática verdade
do que soco, tiro, ou coice,
vai e vem como coisa
de ou, de nem, ou de quase.

Como se a gente tivesse
metades que não combinam,
três partes, destempestades,
três vezes ou vezes três,
como se quase, existindo,
só nos faltasse o talvez.

*

impuro espírito
raro respiro
   o ar que aqui tenta
arquiteto
   um vago voo
      vampiro

*

    ai daqueles
que se amaram sem nenhuma briga
    aqueles que deixaram
que a mágoa nova
    virasse a chaga antiga

    ai daqueles que se amaram
sem saber que amar é pão feito em casa
    e que a pedra só não voa
porque não quer
    não porque não tem asa

*

o atraso pontual

    Ontens e hojes, amores e ódio,
adianta consultar o relógio?
    Nada poderia ter sido feito,
a não ser no tempo em que foi lógico.
    Ninguém nunca chegou atrasado.
Bênçãos e desgraças
    vêm sempre no horário.
Tudo o mais é plágio.
    Acaso é este encontro
entre o tempo e o espaço
    mais do que um sonho que eu conto
ou mais um poema que eu faço?

*

Nem tudo envelhece.
O brilho púrpura,
sob a água pura,
ah, se eu pudesse.

Nem tudo,
sentir fica.
Fica como fica a magnólia,
magnífica.

*

segundo consta

O mundo acabando,
podem ficar tranquilos.
Acaba voltando
tudo aquilo.

Reconstruam tudo
segundo a planta dos meus versos.
Vento, eu disse como.
Nuvem, eu disse quando.
Sol, casa, rua,
reinos, ruínas, anos,
disse como éramos.

Amor, eu disse como.
E como era mesmo?

*

    peguei as cinco estrelas
do céu uma a uma
    elas estrelas não vieram
mas na minha mão
    todas elas
ainda me perfuma

*

asas e azares

Voar com asa ferida?
Abram alas quando eu falo.
Que mais foi que fiz na vida?
Fiz, pequeno, quando o tempo
estava todo do meu lado
e o que se chama passado,
passatempo, pesadelo,
só me existia nos livros.
Fiz, depois, dono de mim,
quando tive que escolher
entre um abismo, o começo,
e essa história sem fim.
Asa ferida, asa
ferida,
meu espaço, meu herói.
A asa arde. Voar, isso não dói.

*

razão de ser

    Escrevo. E pronto.
Escrevo porque preciso,
    preciso porque estou tonto.
Ninguém tem nada com isso.
    Escrevo porque amanhece,
e as estrelas lá no céu
    lembram letras no papel,
quando o poema me anoitece.
    A aranha tece teias.
O peixe beija e morde o que vê.
    Eu escrevo apenas.
Tem que ter por quê?

*

desaparecença

    Nada com nada se assemelha.
Qual seria a diferença
    entre o fogo do meu sangue
e esta rosa vermelha?
    Cada coisa com seu peso,
cada quilômetro, seu quilo.
    De que é que adianta dizê-lo,
isto, sim, é como aquilo?
    Tudo o mais que acontece
nunca antes sucedeu.
    E mesmo que sucedesse,
acontece que esqueceu.
    Coisas não são parecidas,
nenhum paralelo possível.
    Estamos todos sozinhos.
Eu estou, tu estás, eu estive.

*

impasse

    Parece coisa da pedra,
alguma pedra preciosa,
    vidro capaz de treva,
névoa capaz de prosa.
    Pela pele, é lírio,
aquela pura delícia.
    Mas, por ela, a vida,
a mancha horrível, desliza.

*

diversonagens suspersas

Meu verso, temo, vem do berço.
Não versejo porque eu quero,
    versejo quando converso
e converso por conversar.
    Pra que sirvo senão pra isto,
pra ser vinte e pra ser visto,
    pra ser versa e pra ser vice,
pra ser a supersuperfície
    onde o verbo vem ser mais?

    Não sirvo pra observar.
Verso, persevero e conservo
    um susto de quem se perde
no exato lugar onde está.

    Onde estará meu verso?
Em algum lugar de um lugar,
    onde o avesso do inverso
começa a ver e ficar.
    Por mais prosas que eu perverta,
não permita Deus que eu perca
    meu jeito de versejar.

*

narájow

Uma mosca pouse no mapa
e me pouse em Narájow,
    a aldeia donde veio
o pai do meu pai,
    o que veio fazer a América,
o que vai fazer o contrário,
    a Polônia na memória,
o Atlântico na frente,
    o Vístula na veia.

Que sabe a mosca da ferida
que a distância faz na carne viva,
    quando um navio sai do porto
jogando a última partida?

Onde andou esse mapa
que só agora estende a palma
    para receber essa mosca,
que nele cai, matemática?

*

pergunte ao pó

    cresce a vida
cresce o tempo
    cresce tudo
e vira sempre
    esse momento

    cresce o ponto
bem no meio
    do amor seu centro
assim como
    o que a gente sente
e não diz
    cresce dentro

*

v, de viagem

    Viajar me deixa
a alma rasa,
    perto de tudo,
longe de casa.

    Em casa, estava a vida,
aquela que, na viagem,
    viajava, bela
e adormecida.

    A vida viajava
mas não viajava eu,
    que toda viagem
é feita só de partida.

*

ler pelo não

    Ler pelo não, quem dera!
Em cada ausência, sentir o cheiro forte
    do corpo que se foi,
a coisa que se espera.
    Ler pelo não, além da letra,
ver, em cada rima vera, a prima pedra,
    onde a forma perdida
procura seus etcéteras.
    Desler, tresler, contraler,
enlear-se nos ritmos da matéria,
    no fora, ver o dentro e, no dentro, o fora,
navegar em direção às Índias
    e descobrir a América.

*

    Adeus, coisas que nunca tive,
dívidas externas, vaidades terrenas,
    lupas de detetive, adeus.
Adeus, plenitudes inesperadas,
    sustos, ímpetos e espetáculos, adeus.
Adeus, que lá se vão meus ais.
    Um dia, quem sabe, sejam seus,
como um dia foram dos meus pais.
    Adeus, mamãe, adeus, papai, adeus,
adeus, meus filhos, quem sabe um dia
    todos os filhos serão meus.
Adeus, mundo cruel, fábula de papel,
    sopro de vento, torre de babel,
adeus, coisas ao léu, adeus.

*

último aviso

    caso alguma coisa me acontecer,
informem à família,
    foi assim, assim tinha que ser

    tinha que ser dor e dor
esse processo de crescer

    tinha que vir dobrado
esse medo de não ser

    tinha que ser mistério
esse meu modo de desaparecer

    um poema, por exemplo,
caso alguma coisa me suceder,
    vá que seja um indício

quem sabe ainda não acabei de escrever

*

despropósito geral

    Esse estranho hábito,
escrever obras-primas,
    não me veio rápido.
Custou-me rimas.
    Umas, paguei caro,
liras, vidas, preços máximos.
    Umas, foi fácil.
Outras, nem falo.
    Me lembro duma
que desfiz a socos.
    Duas, em suma.
Bati mais um pouco.
    Esse estranho abuso,
adquiri, faz séculos.
    Aos outros, as músicas.
Eu, senhor, sou todo ecos.

*

m, de memória

    Os livros sabem de cor
milhares de poemas.
    Que memória!
Lembrar, assim, vale a pena.
    Vale a pena o desperdício,
Ulisses voltou de Troia,
    assim como Dante disse,
o céu não vale uma história.
    Um dia, o diabo veio
seduzir um doutor Fausto.
    Byron era verdadeiro.
Fernando, pessoa, era falso.
    Mallarmé era tão pálido,
mais parecia uma página.
    Rimbaud se mandou pra África,
Hemingway de miragens.
    Os livros sabem de tudo.
Já sabem deste dilema.
    Só não sabem que, no fundo,
ler não passa de uma lenda.

*

até mais

Até tu, matéria bruta,
até tu, madeira, massa e músculo,
vodca, fígado e soluço,
luz de vela, papel, carvão e nuvem,
pedra, carne de abacate, água de chuva,
unha, montanha, ferro em brasa,
até vocês sentem saudade,
queimadura de primeiro grau,
vontade de voltar pra casa?

Argila, esponja, mármore, borracha,
cimento, aço, vidro, vapor, pano e cartilagem,
tinta, cinza, casca de ovo, grão de areia,
primeiro dia de outono, a palavra primavera,
número cinco, o tapa na cara, a rima rica,
a vida nova, a idade média, a força velha,
até tu, minha cara matéria,
lembra quando a gente era apenas uma ideia?

*

incenso fosse música

    isso de querer
ser exatamente aquilo
    que a gente é
ainda vai
    nos levar além

*

    gardênias e hortênsias
não façam nada
    que me lembre
que a este mundo eu pertença

    deixem-me pensar
que tudo não passa
    de uma terrível coincidência

*

    À glória sucede
o que sucede à água:
    por mais água que beba,
qual lhe sacia a sede?
    Diverso o sucesso,
basta-lhe um verso
    para essa desgraça
que se chama dar certo.

*

objeto sujeito

você nunca vai saber
quanto custa uma saudade
o peso agudo no peito
de carregar uma cidade
pelo lado de dentro
como fazer de um verso
um objeto sujeito
como passar do presente
para o pretérito perfeito
nunca saber direito

você nunca vai saber
o que vem depois de sábado
quem sabe um século
muito mais lindo e mais sábio
quem sabe apenas
mais um domingo

você nunca vai saber
e isso é sabedoria
nada que valha a pena
a passagem pra pasárgada
xanadu ou shangrilá
quem sabe a chave
de um poema
e olha lá

*

poesia: 1970

    Tudo o que eu faço
alguém em mim que eu desprezo
    sempre acha o máximo.

    Mal rabisco,
não dá mais pra mudar nada.
    Já é um clássico.

*

kawa cauim
desarranjos florais

川

KAWA

O ideograma de *kawa*, "rio" em japonês, pictograma de um fluxo de água corrente, sempre me pareceu representar (na vertical) o esquema do haikai, o sangue dos três versos escorrendo na parede da página...

hai

    Eis que nasce completo
e, ao morrer, morre germe,
    o desejo, analfabeto,
de saber como reger-me,
    ah, saber como me ajeito
para que eu seja quem fui,
    eis o que nasce perfeito
e, ao crescer, diminui.

*

kai

    Mínimo templo
para um deus pequeno,
    aqui vos guarda,
em vez da dor que peno,
    meu extremo anjo de vanguarda.

    De que máscara
se gaba sua lástima,
    de que vaga
se vangloria sua história,
    saiba quem saiba.

    A mim me basta
a sombra que se deixa,
    o corpo que se afasta.

*

    amei em cheio
meio amei-o
    meio não amei-o

*

    pelos caminhos que ando
um dia vai ser
    só não sei quando

*

    meiodia   três cores
eu disse vento
    e caíram todas as flores

*

    abrindo um antigo caderno
foi que eu descobri
    antigamente eu era eterno

*

    o mar o azul o sábado
liguei pro céu
    mas dava sempre ocupado

*

    enfim,
nu,
    como vim

*

    viu-me,
e passou,
    como um filme

*

era uma vez

o sol nascente
    me fecha os olhos
até eu virar japonês

*

    noite sem sono
o cachorro late
    um sonho sem dono

*

    rio do mistério
que seria de mim
    se me levassem a sério?

*

    choveu
na carta que você mandou

    quem mandou?

*

    praias   praias   sinais
um olhar tão longe
     esse olhar ninguém olha
                       jamais

*

    entre os garotos de bicicleta
o primeiro vaga-lume
     de mil novecentos e oitenta e sete

*

    sombras
derrubam
    sombras
quando a treva
    está madura

    sombras
o vento leva
    sombra
nenhuma
       dura

*

    primeiro frio do ano
fui feliz
    se não me engano

*

    retrato de lado
retrato de frente
    de mim me faça
ficar diferente

*

    na torre da igreja
o passarinho pausa
    pousa assim feito pousasse
o efeito na causa

*

    entre
a água
    e o chá
desab
    rocha
o maracujá

*

    ano novo
anos buscando
    um ânimo novo

*

    alvorada
alvoroço
    troco minha alma
por um almoço

*

temporal

fazia tempo
    que eu não me sentia
tão sentimental

*

    cortinas de seda
o vento entra
    sem pedir licença

*

    lua à vista
brilhavas assim
      sobre auschwitz?

*

    hoje à noite
lua alta
    faltei
e ninguém sentiu
    a minha falta

*

    tudo dito,
nada feito,
    fito e deito

*

    tarde de vento
até as árvores
    querem vir para dentro

*

    tudo claro
ainda não era o dia
    era apenas o raio

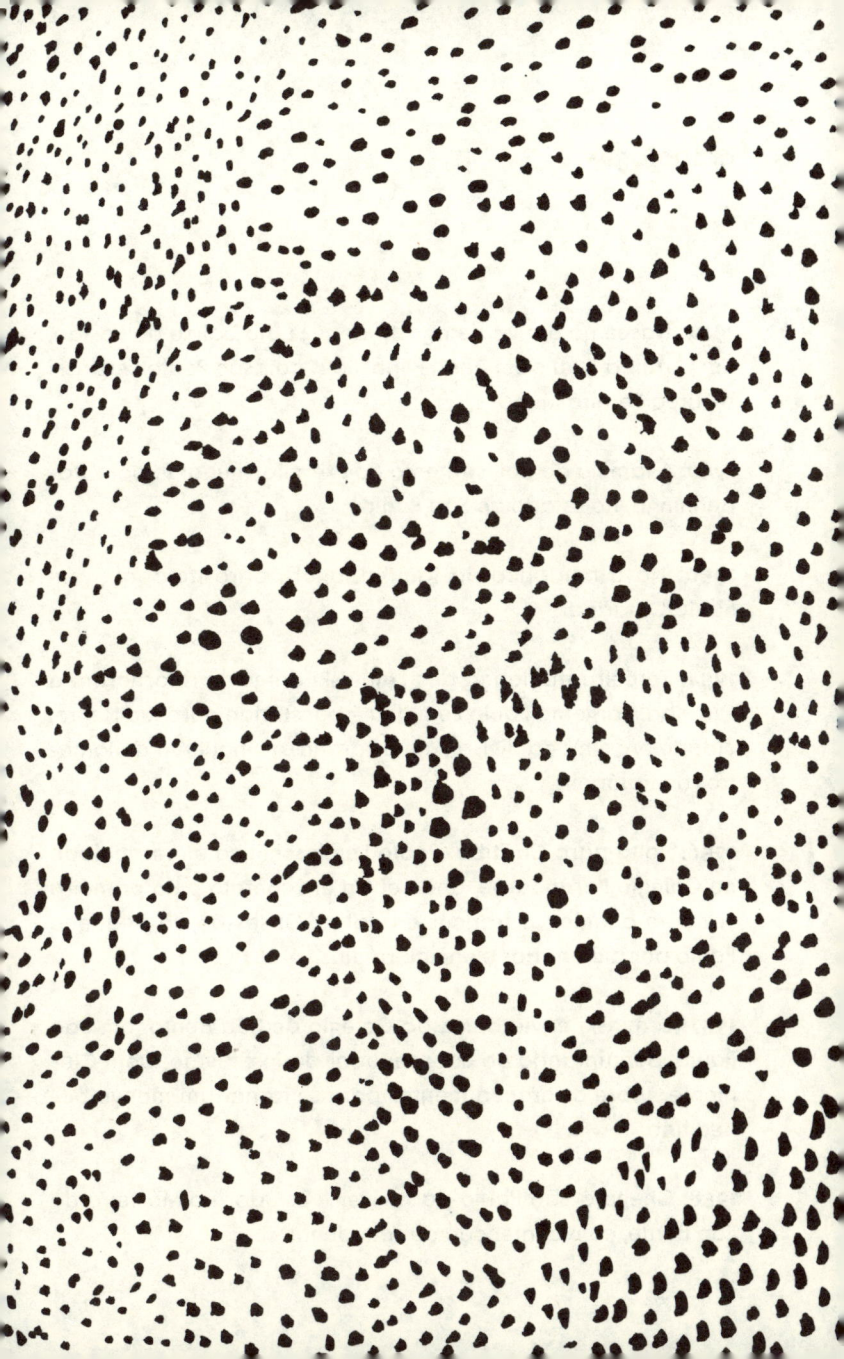

cronologia

1944: Nasce no dia 24 de agosto de 1944, no bairro do Portão, em Curitiba, Paulo Leminski Filho. Seus pais são Paulo Leminski e Áurea Pereira Mendes.

1949: A família do pai, sargento do Exército, muda-se para Itapetininga, no estado de São Paulo.

1950: Nova mudança da família, agora para Itaiópolis, em Santa Catarina.

1954: Terceira mudança dos Leminski antes de retornarem a Curitiba. Sargento Paulo Leminski é transferido para Rio Negro, cidade próxima da divisa com o Paraná, a cinquenta quilômetros de Itaiópolis.

1956: Volta para Curitiba. Paulo Leminski Filho é matriculado no Colégio Paranaense, onde entra em contato pela primeira vez com o inglês, o francês e o latim. Obsessão do pequeno Paulo por dicionários e enciclopédias.

1957: Leminski envia carta ao Colégio de São Bento, em São Paulo, perguntando ao coordenador da instituição, Dom Clemente, sobre os procedimentos para se tornar um monge beneditino.

1958: Chega a São Paulo para viver e estudar no Mosteiro de São Bento, com a intenção de se ordenar.

1959: Incapaz de conter a indisciplina de Paulo, o Mosteiro pede aos pais do menino a transferência para outro colégio. A passagem pelo Colégio São Bento seria marcante pelo resto de sua vida.

1962: Meses antes de prestar vestibular para letras na Pontifícia Universidade Católica do Paraná (PUC-PR) e para direito na Universidade Federal (UFPR), o adolescente Paulo Leminski casa-se com Nevair Maria de Souza, a Neiva. Fica em primeiro lugar no vestibular para letras e em segundo para direito.

1963: Aos dezoito anos vai para Belo Horizonte assistir ao I Congresso Brasileiro de Poesia de Vanguarda e conhece pessoalmente Décio Pignatari, Augusto e Haroldo de Campos e Afonso Ávila, entre outros. Passa uma noite em São Paulo, na casa de Augusto, lendo o original em inglês dos *Cantos* de Ezra Pound.

1964: Estreia com cinco poemas na revista *Invenção*, em São Paulo, dirigida por Décio Pignatari, porta-voz da poesia concreta paulista.

1965: Começa a trabalhar como professor de história, literatura e redação em cursos pré-vestibulares, atividade que durará até 1973.

1966: Começa a praticar judô. Ao mesmo tempo embrenha-se no estudo da língua e da poesia japonesa, e na leitura de autores ligados ao zen-budismo como Teitaro Suzuki, Thomas Merton e Alan Watts. Classifica-se em primeiro lugar no II Concurso Popular de Poesia Moderna, promovido pelo jornal *O Estado do Paraná*.

1968: No dia do seu aniversário, em agosto, é apresentado à poeta Alice Ruiz. Em outubro do mesmo ano, o casal engravida. Os dois terão, ao todo, três filhos e viverão juntos até 1988.

1969: Em julho nasce Miguel Ângelo Leminski, primeiro filho de Paulo e Alice. No mesmo mês Leminski parte para o Rio de Janeiro à procura de emprego. Paulo estabelece-se no famoso Solar da Fossa, em Botafogo, e morará no Rio até 1971, período em que colabora com o jornal *O Pasquim* e com diversas revistas. Lá batiza seu gigantesco manuscrito, que costumava carregar debaixo do braço por todos os lugares, de *Catatau*.

1970: Ainda no Rio de Janeiro, começa a compor letras com seu irmão Pedro Leminski e em seguida aprende a tocar violão, compondo suas primeiras músicas.

1971: Paulo, Alice e Miguel Ângelo estão juntos novamente em Curitiba. Em março nasce Áurea Alice Leminski, segunda filha do casal.

1972: Começa a compor com membros do grupo A Chave, em especial com Ivo Rodrigues.

1973: Morre seu pai, Paulo Leminski. Alice e Paulo recebem a visita inesperada de seus ídolos Caetano Veloso e Gal Gosta, que já conheciam o trabalho de Leminski por indicação de Augusto de Campos.

1975: Finalmente é publicado o *Catatau*, depois de uma maturação de oito anos. Paulo começa a trabalhar como redator publicitário em agências de propaganda, atividade que exercerá até 1988. Na carreira de publicitário, começa a colaborar com o trio de amigos Solda e Rettamozo, artistas plásticos, e Dico Kremer, fotógrafo. Conhece pessoalmente Jorge Mautner.

1976: De volta ao Rio de Janeiro, a passeio, Leminski conhece Moraes Moreira. A parceria musical aconteceria somente alguns anos depois. Em dupla com o fotógrafo Jack Pires lança o livro *Quarenta clics em Curitiba*. Recebe visita de Waly Salomão em Curitiba.

1977: Lançamento do primeiro compacto da banda A Chave com duas canções de Leminski, suas primeiras composições a serem gravadas: "Buraco no coração" e "Me provoque pra ver".

1978: Morre sua mãe Áurea Pereira Mendes.

1979: Leminski escreve a novela *Minha classe gosta, logo é uma bosta*, mas não a publica. Miguel morre em julho, logo depois de completar dez anos.

1980: Começa a escrever para jornais e revistas de Curitiba e São Paulo. Publicação dos livros de poemas *Não fosse isso e era menos não fosse tanto e era quase* e *Polonaises*.

Viaja a Salvador, onde reencontra Moraes Moreira, que se tornaria seu principal parceiro musical, e conhece os demais Novos Baianos.

1981: O poeta ganha fama como compositor, e, entre 1981 e 1982, vários artistas da música brasileira gravam suas canções, entre eles: Caetano Veloso, Blindagem, A Cor do Som, Ney Matogrosso, Paulinho Boca de Cantor, Moraes Moreira, MPB4 e

Ângela Maria. Conhece Itamar Assumpção, que se torna imediatamente seu parceiro musical. Nascimento da filha Estrela Ruiz Leminski.

1983: Publicação das biografias *Cruz e Sousa: o negro branco* e *Bashô: a lágrima do peixe* pela editora Brasiliense, além da coletânea *Caprichos & relaxos*, no selo Cantadas Literárias.

1984: São publicadas pela Brasiliense a biografia *Jesus* e a tradução de *Pergunte ao pó* de John Fante. Pela mesma editora, Leminski lança seu segundo romance, *Agora é que são elas*. Ao lado de Francisco Alvim, Waly Salomão e Chacal, participa do curta-metragem *Assaltaram a gramática*, de Ana Maria Magalhães.

1985: Gravação do curta-metragem *Ervilhas da fantasia*, de Werner Shumann, estrelado por Leminski. O poeta vira assíduo tradutor da Brasiliense, com a publicação dos volumes: *Satyricon* de Petrônio, *Sol e aço* de Yukio Mishima, *Giacomo Joyce* de James Joyce, *Um atrapalho no trabalho* de John Lennon e *O supermacho* de Alfred Jarry, além de traduzir alguns poemas e escrever o posfácio de *Vida sem fim*, antologia poética de Lawrence Ferlinguetti. Publicação de *Haitropikais*, em parceria com Alice Ruiz, editado pelo Fundo Cultural de Ouro Preto.

1986: Reúne seus ensaios no volume *Anseios crípticos*, publicado pela Criar Edições, de Curitiba. Morre o irmão de Paulo, Pedro Leminski. Lançamento de *Trótski*, última das biografias escritas pelo poeta, e da tradução de *Malone morre*, de Samuel Beckett.

1987: Publicação de *Distraídos venceremos,* seu segundo livro de poemas, pela Brasiliense, e da tradução de *Fogo e água na terra dos deuses*, volume de poesia egípcia antiga, pela editora Expressão. Escreve *Metaformose*, ensaio que será publicado postumamente.

1988: Paulo e Alice separam-se e ele se muda para São Paulo. Lançamento do livro infantojuvenil *Guerra dentro da gente*, pela editora Scipione. Na TV Bandeirantes cria e apresenta o quadro "Clic-poemas" no *Jornal de Vanguarda*. Volta para Curitiba.

1989: Em abril, estreia como colunista na *Folha de Londrina*. Durante uma internação de dois dias por complicações da cirrose hepática, Paulo Leminski morre, no dia 7 de junho de 1989. *A lua no cinema*, poema dedicado à sua filha Estrela, é publicado pela Arte Pau-Brasil.

lista de obras publicadas

Catatau (1975), edição do autor
Quarenta clics em Curitiba (1976), Etcetera
Não fosse isso e era menos, não fosse tanto e era quase (1980), ZAP
Polonaises (1980), edição do autor
Caprichos & relaxos (1983), Brasiliense
Cruz e Sousa: o negro branco (1983), Brasiliense
Bashô: a lágrima do peixe (1983), Brasiliense
Jesus a.C. (1984), Brasiliense
Agora é que são elas (1984), Brasiliense
Haitropikais, com Alice Ruiz (1985), Fundo Cultural de Ouro Preto
Trótski: a paixão segundo a revolução (1986), Brasiliense
Anseios crípticos (1986), Criar Edições
Distraídos venceremos (1987), Brasiliense
Guerra dentro da gente (1988), Brasiliense
A lua no cinema (1989), Arte Pau-Brasil
Vida (1990), Sulina
La vie en close (1991), Brasiliense
Uma carta: uma brasa através, com Régis Bonvicino (1992), Iluminuras
Metaformose: uma viagem pelo imaginário grego (1994), Iluminuras
Winterverno, com João Virmond Suplicy Neto (1994), Fundação Cultural de Curitiba
O ex-estranho (1996), Iluminuras

Ensaios e anseios crípticos (1997), Polo Editorial do Paraná
Envie meu dicionário — cartas e alguma crítica, com Régis
   Bonvicino (1999), Editora 34
Anseios crípticos 2 (2001), Criar
Gozo fabuloso (2004), DBA
Toda poesia (2013), Companhia das Letras
Vida (2014), Companhia das Letras
O bicho alfabeto, com Ziraldo (2014), Companhia das Letras

Traduções publicadas

Folhas das folhas da relva, de Walt Whitman (1983), Brasiliense
Pergunte ao pó, de John Fante (1984), Brasiliense
Vida sem fim, de Lawrence Ferlinghetti (1984), Brasiliense
Um atrapalho no trabalho, de John Lennon (1985), Brasiliense
Giacomo Joyce, de James Joyce (1985), Brasiliense
O supermacho, de Alfred Jarry (1985), Brasiliense
Sol e aço, de Yukio Mishima (1985), Brasiliense
Satyricon, de Petrônio (1985), Brasiliense
Malone morre, de Samuel Beckett (1986), Brasiliense
Fogo e água na terra dos deuses, poesia egípcia antiga (1987),
   Expressão

índice de poemas

300 000 km por segundo, 42
a lei do quão, 17
a lua no cinema, 39
aço em flor, 38
adminimistério, 19
ais ou menos, 51
além alma (uma grama depois), 24
anch'io son pittore, 40
arte do chá, 28
asas e azares, 57
até mais, 67
aviso aos náufragos, 15
bem no fundo, 35
claro calar sobre uma cidade sem ruínas (ruinogramas), 32
como pode?, 52
desaparecença, 59
desencontrários, 30
despropósito geral, 65
distâncias mínimas, 20
diversonagens suspersas, 60
era uma vez, 76
hai, 74
hard feelings, 45
iceberg, 21
impasse, 59
imprecisa premissa, 44
incenso fosse música, 68
kai, 74
kawa, 73
ler pelo não, 63
litogravura, 41
m, de memória, 66
merda e ouro, 26
minifesto, 18
narájow, 61
nomes a menos, 33
o atraso pontual, 55
o hóspede despercebido, 37
o mínimo do máximo, 23
o náufrago náugrafo, 34
o par que me parece, 27
o que quer dizer, 30
objeto sujeito, 69
parada cardíaca, 43
pareça e desapareça, 47
passe a expressão, 23
pergunte ao pó, 62
plena pausa, 25
poesia: 1970, 70
por um lindésimo de segundo, 22
proema, 29
razão de ser, 58
rimas da moda, 41
rosa rilke raimundo correia, 53
saudosa amnésia, 20
segundo consta, 56
sem budismo, 36
signo ascendente, 24

sortes e cortes, 44
sujeito indireto, 45
temporal, 79
três metades, 54
último aviso, 64

um metro de grito (máquinas líquidas), 31
v, de viagem, 62
voláteis, 51
volta em aberto, 34

TIPOGRAFIA Wigrum
DIAGRAMAÇÃO acomte
PAPEL Pólen Bold, Suzano S.A.
IMPRESSÃO Lis Gráfica, abril de 2024

A marca FSC® é a garantia de que a madeira utilizada na fabricação do papel deste livro provém de florestas que foram gerenciadas de maneira ambientalmente correta, socialmente justa e economicamente viável, além de outras fontes de origem controlada.